NATIONAL GEOGRAPHIC

Peldaños

LA DECLARACIÓN DE DERECHOS

Documentos famosos

GÉNERO Artículo de referencia | **Lee para aprender** sobre la Declaración de Derechos.

Conoce la Declaración de Derechos

por Sheri Reda

Visitantes ven la Declaración de Derechos en Washington, D.C. ¿Quieres una foto de ti junto a la Declaración de Derechos? Ya no puedes tomártela. Antiguamente podías. Pero el flash de la cámara puede dañar el documento, por lo tanto, ya no se permite tomar fotos.

Nosotros los estadounidenses somos muy afortunados. Podemos compartir nuestras opiniones abiertamente y sin miedo de un castigo del gobierno. Podemos protestar pacíficamente y pedir al cuerpo legislativo que cambie las leyes que creemos que no son justas. No pueden allanar nuestra casa o quitarnos nuestra propiedad sin una buena razón, y también tenemos libertad religiosa. La Declaración de Derechos garantiza, o asegura formalmente, estos **derechos** básicos y otros más.

Pero esto no siempre fue así. Cuando Gran Bretaña dominaba las colonias norteamericanas, los funcionarios británicos podían arrestar a los colonos solo por compartir sus opiniones y pensamientos en público. También podían inspeccionar, arrestar o incluso meter en prisión a alguien sin razón alguna. Una vez en prisión, se los solía mantener allí durante largos períodos de tiempo. Por lo tanto, en el año 1787, cuando los Fundadores de los Estados Unidos escribieron la Constitución, querían asegurarse de que estas cosas nunca les sucedieran a los ciudadanos estadounidenses.

La Constitución propone un plan para nuestro gobierno. Los Fundadores aprobaron el plan, pero en el año 1791, agregaron algo importante: una Declaración de Derechos. Las diez **enmiendas**, o cambios y adiciones a la Constitución, que componen la Declaración de Derechos enumeran nuestros derechos básicos y salvaguardan nuestras libertades individuales.

Redoble de tambor, por favor

Y aquí están: ¡*tus* derechos básicos! Aunque sea antigua, la Declaración de Derechos continúa cambiando para adaptarse a las necesidades siempre cambiantes de los estadounidenses. Su lenguaje puede ser anticuado, pero así se hablaba y se escribía en ese entonces. No obstante, las ideas no cambian con el paso del tiempo.

1.ª Enmienda

El Congreso no hará ley alguna por la que adopte una religión como oficial del Estado o se prohíba practicarla libremente, o que coarte la libertad de palabra o de imprenta, o el derecho del pueblo para reunirse pacíficamente y para pedir al gobierno la reparación de agravios.

El gobierno no puede decirte qué creer, escribir o decir. Las personas tienen el derecho de reunirse pacíficamente en público y pedirle al gobierno que cambie sus políticas.

2.ª Enmienda

Siendo necesaria una milicia bien ordenada para la seguridad de un Estado Libre, no se violará el derecho del pueblo a poseer y portar armas.

Los estadounidenses tienen el derecho de poseer y usar armas para defenderse.

3.ª Enmienda

En tiempo de paz a ningún militar se le alojará en casa alguna sin el consentimiento del propietario; ni en tiempo de guerra, como no sea en la forma que prescriba la ley.

Nadie puede obligarte a refugiar y alimentar soldados en tu casa, como se obligó a los colonos a hacerlo con los soldados británicos.

4.ª Enmienda

El derecho de los habitantes de que sus personas, domicilios, papeles y efectos se hallen a salvo de pesquisas y aprehensiones arbitrarias, será inviolable, y no se expedirán al efecto mandamientos que no se apoyen en un motivo verosímil, estén corroborados mediante juramento o protesta y describan con particularidad el lugar que deba ser registrado y las personas o cosas que han de ser detenidas o embargadas.

La policía no puede arrestarte o allanar tu casa o inspeccionarte a menos que tengan una buena razón y el permiso de un juez.

5.ª Enmienda

Nadie estará obligado a responder de un delito castigado con la pena capital o con otra infamante si un gran jurado no lo denuncia o acusa, a excepción de los casos que se presenten en las fuerzas de mar o tierra o en la milicia nacional cuando se encuentre en servicio efectivo en tiempo de guerra o peligro público; tampoco se pondrá a persona alguna dos veces en peligro de perder la vida o algún miembro con motivo del mismo delito; ni se le compelerá a declarar contra sí misma en ningún juicio criminal; ni se le privará de la vida, la libertad o la propiedad sin el debido proceso legal; ni se ocupará la propiedad privada para uso público sin una justa indemnización.

El gobierno no puede enviarte a prisión sin un juicio, someterte a juicio dos veces por el mismo crimen u obligarte a dar evidencia en tu contra frente a un tribunal.

6.ª Enmienda

En toda causa criminal, el acusado gozará del derecho de ser juzgado rápidamente y en público por un jurado imparcial del distrito y Estado en que el delito se haya cometido, Distrito que deberá haber sido determinado previamente por la ley; así como de que se le haga saber la naturaleza y causa de la acusación, de que se le caree con los testigos que depongan en su contra, de que se obligue a comparecer a los testigos que le favorezcan y de contar con la ayuda de un abogado que lo defienda.

Si se te acusa de un crimen, tienes el derecho a comprender de qué se te acusa y de enfrentar a las personas que te acusan. También tienes un derecho a un abogado y un juicio ágil.

7.ª Enmienda

El derecho a que se ventilen ante un jurado los juicios de derecho consuetudinario en que el valor que se discuta exceda de veinte dólares, será garantizado, y ningún hecho de que haya conocido un jurado será objeto de nuevo examen en tribunal alguno de los Estados Unidos, como no sea con arreglo a las normas del derecho consuetudinario.

Tienes el derecho a que te someta a juicio un jurado de ciudadanos semejantes.

8.ª Enmienda

No se exigirán fianzas excesivas, ni se impondrán multas excesivas, ni se infligirán penas crueles y desusadas.

Si te arrestan, no deberías pagar demasiado dinero, o fianza, para poder estar libre hasta el juicio. También estás a salvo de castigos crueles y extremos. Y no es necesario que pagues multas demasiado altas por el crimen que puedas haber cometido.

9.ª Enmienda

No por el hecho de que la Constitución enumera ciertos derechos ha de entenderse que niega o menosprecia otros que retiene el pueblo.

Tienes otros derechos y libertades además de los que se mencionan en la Constitución.

10.ª Enmienda

Los poderes que la Constitución no delega a los Estados Unidos ni prohíbe a los Estados, quedan reservados a los Estados respectivamente o al pueblo.

Los poderes que no se otorgan expresamente al gobierno nacional en la Constitución pertenecen a los estados.

Compruébalo ¿Por qué se creó la Declaración de Derechos?

GÉNERO Artículo de Estudios Sociales

Lee para descubrir sobre los derechos que protege la Primera Enmienda.

Las 5 LIBERTADES

por Sheri Reda

La primera lo dice todo... casi.

La Primera Enmienda de la Constitución contiene algunas de nuestras libertades individuales más importantes: libertad de religión, expresión, prensa, reunión y petición. ¿Qué significan estas libertades y por qué se crearon estos derechos? ¿Cómo influyen en nuestra vida en la actualidad? Descubrámoslo leyendo algunos ejemplos sobre los derechos de las personas antes y después de que se escribiera la Primera Enmienda.

Libertad de religión

La libertad de religión significa el derecho a rendir culto (o no rendir culto) como te plazca. También significa que no puedes interferir con los derechos religiosos de los demás. Mucho antes de que se escribiera la Primera Enmienda, los puritanos llegaron a Norteamérica desde Gran Bretaña para escapar del trato religioso injusto. Querían ceñirse a su propia religión en paz. Sin embargo, en Norteamérica, los puritanos no les otorgaban la misma libertad a los demás. En la colonia de la bahía de Massachusetts, los ministros puritanos se indignaron cuando una mujer, Anne Hutchinson, criticó sus enseñanzas. La sometieron a juicio y la declararon culpable. Luego la obligaron a abandonar la colonia.

En la actualidad, la Primera Enmienda protege la libertad religiosa. Por ejemplo, en el año 2003, una escuela en Oklahoma suspendió a la estudiante de sexto grado Nashala Hearn por no cumplir con su norma de vestir. El distrito escolar prohibió la pañoleta, o *hijab,* que usaba como parte de su fe musulmana. La familia de Nashala presentó una demanda y ganó. La Corte ordenó al distrito que permitiera que los estudiantes usaran coberturas religiosas en la cabeza.

Antes Antes de que se escribiera la Primera Enmienda, se podía castigar a las personas por vestirse o actuar de determinada manera debido a su religión. Se arriesgaban a ir presas (y cosas peores) por seguir sus creencias o expresarse sobre la religión.

Ahora La Primera Enmienda otorga el derecho de seguir creencias religiosas, incluido vestirse de una determinada manera. Una de las jugadoras de baloncesto universitario de esta foto usa una pañoleta como parte de su religión. Esta acción se protege en la Primera Enmienda.

Libertad de expresión

La libertad de expresión no significa que puedes decir de todo. Por ejemplo, no puedes gritar "¡Fuego!" en broma en un cine lleno de gente. Eso podría poner en peligro la vida de las personas. Pero la Primera Enmienda garantiza tu derecho a expresar opiniones. Y eso incluye las opiniones que son críticas al gobierno. Eso no siempre se permitió. En las colonias norteamericanas, los oficiales del rey limitaban la libertad de expresión. Criticar al gobierno británico era un crimen. Se apresó a muchos colonos por expresarse en contra de los británicos.

Una vez que los Estados Unidos obtuvieron su libertad, los escritores de la Declaración de Derechos se aseguraron de proteger el derecho de la libertad de expresión en la Primera Enmienda. ¿Cómo podemos proteger la libertad de expresión y también proteger a las personas de los "acosadores verbales"? Cuando alguien publica cosas agresivas sobre otras personas en los sitios de redes sociales o los molestan a través de textos, se llama **ciberacoso**. En la actualidad, 49 estados tienen leyes contra el ciberacoso. Las leyes están diseñadas para proteger a las personas de los ataques en Internet por cosas como su raza, religión o edad.

Antes Los colonos norteamericanos podían meterse en grandes problemas por expresarse, especialmente en contra del gobierno.

Ahora Como puedes ver en los mensajes de este teléfono, Evan es un acosador. Sus mensajes intentan hacer daño a Alex. En la actualidad, las leyes contra el ciberacoso intentan equilibrar el derecho de la libre expresión de la Primera Enmienda con la necesidad de proteger a las personas de palabras perjudiciales como estas.

Libertad de prensa

Libertad de prensa significa que podemos imprimir y distribuir nuestras ideas, independientemente de su impopularidad. En la actualidad, podemos publicarlas en medios desde los periódicos hasta las revistas y los sitios web.

Se ha luchado por esta libertad desde el siglo XVIII. En el año 1734, el colono John Peter Zenger, un impresor, publicó un periódico llamado *Weekly Journal*. Imprimió artículos sobre los delitos de William Cosby, el gobernador colonial británico de Nueva York. Cosby culpó a Zenger de "calumnia sediciosa". Afirmaba que Zenger había impreso información que dañaba su reputación. El abogado de Zenger argumentaba que Zenger tenía el derecho de publicar artículos sobre el gobernador, en tanto la información fuera verídica. Creía que una acusación de calumnia solo debía aplicarse a la publicación de mentiras. El jurado estuvo de acuerdo. Eso le dio a Zenger y los colonos una importante victoria en la lucha por la libertad de prensa. Esto fue casi 60 años antes de que se escribiera la Primera Enmienda.

Antes Cuando las colonias estaban gobernadas por los británicos, se necesitaba una licencia del gobierno para imprimir algo. Por lo general no se podía escribir algo crítico sobre el gobierno o sus funcionarios. Sin embargo, las victorias en un tribunal como la de Zenger (ilustrada arriba) comenzaron a preparar el camino para obtener la libertad de prensa unos años después.

Ahora Los reporteros ejercen la libertad de prensa cuando publican información sobre temas delicados. A veces sus casos terminan en un tribunal, lo que sirve para determinar cómo se aplica la Primera Enmienda a cada situación específica.

Derecho de reunión

El derecho de **reunirse**, o de celebrar encuentros con otras personas, significa que las personas pueden reunirse pacíficamente en público. Sin embargo, los colonos norteamericanos no estaban protegidos por este derecho cuando se reunieron a hablar sobre su trato injusto bajo el dominio británico. Los oficiales británicos temían que los colonos estuvieran planeando revelarse, así que usaron tropas para disolver estas reuniones. Por supuesto, esto solo hizo que los colonos estuvieran más decididos a reunirse. Una vez que obtuvieron la independencia de Gran Bretaña, se aseguraron con la Primera Enmienda de proteger el derecho de todos de reunirse.

En el otoño del año 2011, personas de todo los Estados Unidos se reunieron para **protestar**. Apuntaban a lo que veían como desigualdad entre la vida de los muy ricos y los demás. Llamaron a su protesta "Movimiento de ocupación", porque ocuparon, o tomaron, espacios públicos en ciudades de todo los Estados Unidos. En varios estados, incluido Tennessee, se arrestó a estos manifestantes por infringir leyes locales de toque de queda. Estas leyes exigen que las personas permanezcan dentro de sus casas a partir de cierta hora. Pero los tribunales de Tennessee dijeron "No". Dictaminaron que los arrestos infringían el derecho de reunión de los manifestantes, como establece la Primera Enmienda.

Antes Los británicos consideraban que las reuniones de los colonos eran amenazantes. Enviaban tropas para disolverlas, como se ilustra aquí. Esperaban que esto previniera que las personas se reunieran para protestar en contra del gobierno.

Ahora El derecho de reunión protege a grupos que quieren organizarse y reunirse. En tanto permanezcan en paz y no dañen a personas o propiedades, son libres para reunirse en lugares públicos.

Derecho de petición

La Primera Enmienda defiende tu derecho de presentar una **petición** de acción legal u otras soluciones. Una petición es una solicitud de cambio, que por lo general firman personas que están de acuerdo en que el cambio es necesario. ¿Puedes imaginarte una hoja de papel de cuatro millas de largo? Bueno, esa hoja de papel ayudó a las mujeres a obtener el derecho de voto a comienzos del siglo XX. Era una petición cubierta con firmas que un equipo de mujeres pasaron un año recolectando. Las firmas apoyaban el derecho de voto de las mujeres. Con el tiempo, esta enorme demostración de apoyo llevó a la aprobación de la Decimonovena Enmienda en el año 1919, que les otorgó el derecho de voto a las mujeres.

¡En la actualidad puedes hacer tu propia petición en Internet! Puedes visitar el sitio web de la Casa Blanca "We the People" para echar un vistazo a las peticiones abiertas y agregar tu nombre en apoyo de ellas. También te permite comenzar tu propia petición. Una vez que una petición obtiene suficiente apoyo en Internet, el gobierno puede revisarla y responder.

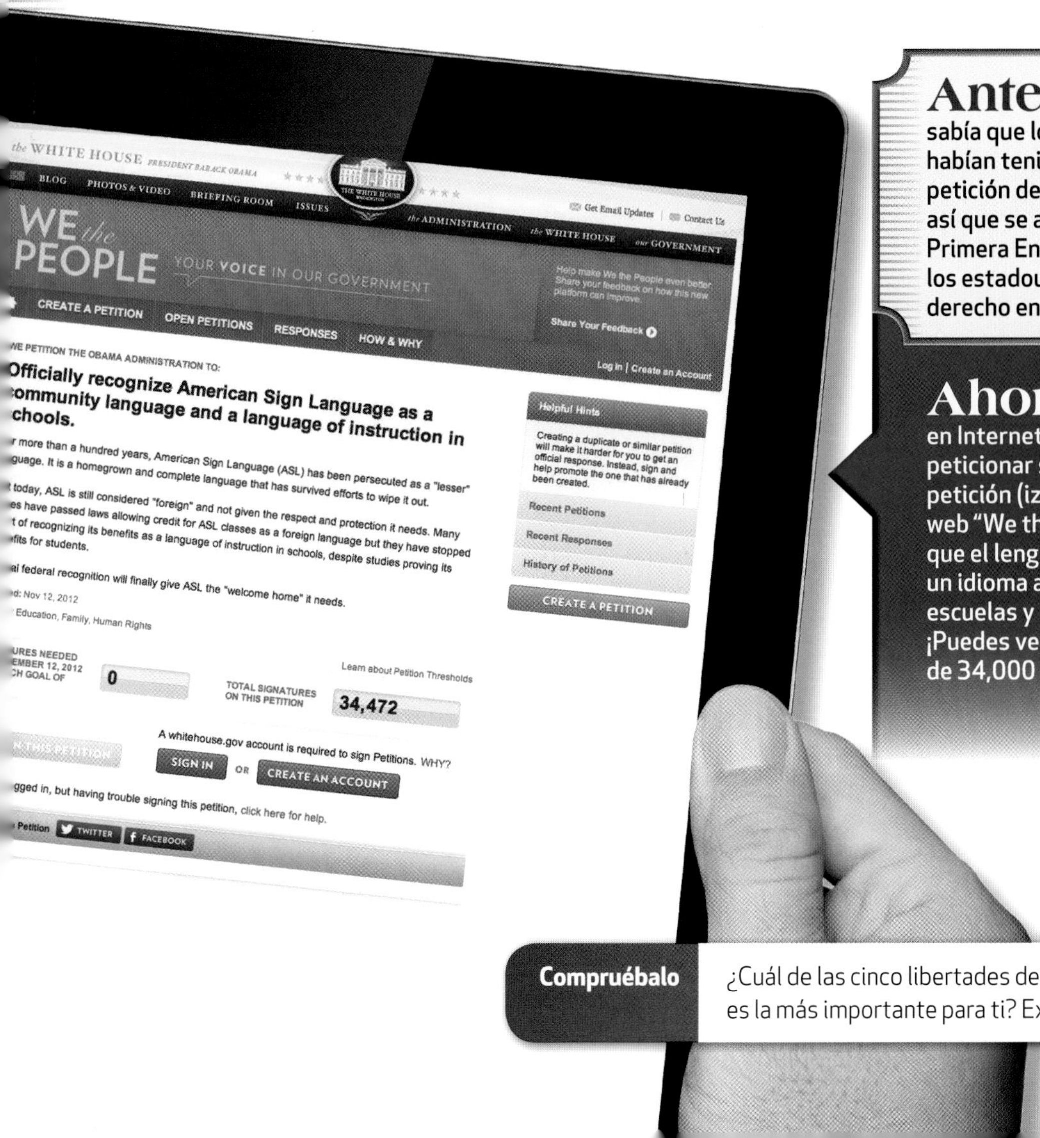

Antes James Madison sabía que los británicos habían tenido el derecho de petición desde el año 1689, así que se aseguró de que la Primera Enmienda otorgara a los estadounidenses el mismo derecho en los Estados Unidos.

Ahora Las peticiones en Internet hacen que peticionar sea fácil. Esta petición (izquierda) en el sitio web "We the People", propone que el lenguaje de señas sea un idioma aceptado en las escuelas y otros lugares. ¡Puedes ver que reunieron más de 34,000 firmas virtuales!

Compruébalo ¿Cuál de las cinco libertades de la Primera Enmienda es la más importante para ti? Explica por qué.

GÉNERO Artículo de referencia

Lee para descubrir sobre las Enmiendas Segunda a Décima.

Conoce tus derechos

por Bryon Cahill

Las otras nueve enmiendas

Aprendiste que la Primera Enmienda es muy importante, pero las demás también son importantes. Las Enmiendas Segunda a Décima protegen nuestro hogar y comunidad, protegen a las personas que están acusadas de crímenes y limitan el poder del gobierno federal.

2 Portar armas

La Segunda Enmienda define el derecho de **milicias**, o ciudadanos locales capacitados para defender su comunidad. Dice que pueden portar, o tener, armas. Esta enmienda asegura que los ciudadanos puedan defenderse si el gobierno alguna vez intentara quitarles los derechos a las personas. Es legal que la mayoría de los ciudadanos compre armas de fuego en tiendas como la que se muestra aquí.

3 Refugiar soldados

La Tercera Enmienda probablemente te parezca bastante extraña. Dice que el gobierno no puede obligar a los estadounidenses a alimentar y refugiar a soldados en su casa. En los días de la Guerra de Independencia estadounidense, esto era un problema. En ese entonces, los soldados británicos podían entrar en las casas de los colonos y exigir alimento y refugio. Afortunadamente, esto ya no es un inconveniente.

4 Allanamiento y confiscación

La Cuarta Enmienda dice que nadie debe hacer frente a un allanamiento y una **confiscación** irrazonables. Confiscar es quitarle a alguien sus posesiones. Entonces, a menos que la policía o funcionarios del gobierno tengan una buena razón (y permiso de un juez), no pueden entrar en tu hogar a la fuerza para buscar evidencias. Sin embargo, en ciertos lugares, los directivos de una escuela pueden hacer que se registren los armarios de los estudiantes como medida de seguridad. Eso sucede en la foto de arriba.

5 Derechos de enjuiciamiento

"¡Solicito la Quinta!". Probablemente hayas oído que personajes de televisión o películas, como el actor en esta foto, dicen esto. Significa que una persona tiene el derecho a permanecer en silencio cuando se lo acusa de un crimen. No se puede obligar a la persona a **incriminarse**, o admitir que es culpable de un crimen. En los Estados Unidos, se considera inocente a un ciudadano hasta que se comprueba que es culpable en un tribunal de justicia.

La Quinta Enmienda también es la base de la advertencia de la Ley Miranda. La policía da esta advertencia a los individuos a los que se arresta. Explica sus derechos. Los derechos de la Ley Miranda se crearon en la década de 1960 después de que la policía omitió decirle a un hombre que se llamaba Ernesto Miranda sus derechos cuando lo arrestaron. Esta advertencia probablemente también te suene conocida: *"Tiene el derecho a guardar silencio. Cualquier cosa que diga o haga puede usarse en su contra en un tribunal de justicia…".*

6 Juicio ágil

La Sexta Enmienda habla de los juicios ante un juez. En los Estados Unidos, los ciudadanos tienen el derecho a un juicio público ante un juez. Juicio ágil significa que las personas acusadas de crímenes no pueden quedar encerradas en celdas de prisión por mucho tiempo antes de su juicio.

En el tribunal, las personas tienen el derecho de tener un abogado que defienda su caso. Si no pueden pagar un abogado, se les asigna uno gratis.

7 Juicio con jurado

En los días de la colonia, los jueces trabajaban para el rey británico. No les importaban los colonos procesados, y solían aprobar severas sentencias. Gracias a la Séptima Enmienda, tienes el derecho a un juicio con jurado, como el que se muestra aquí, y que la decisión la tomen 12 ciudadanos.

8 Castigo

"¡Que el castigo equivalga al crimen!". Este dicho famoso nos ayuda a comprender la Octava Enmienda. Proclama que ningún castigo debe ser "excesivo" o "cruel y poco común". Eso significa que la severidad del castigo debe corresponderse con la gravedad del crimen.

La Octava Enmienda ha causado desacuerdos con los años. Algunos, como las personas de esta foto, dicen que la pena de muerte es un castigo cruel y poco común. Argumentan que no debe matarse a nadie como castigo en los Estados Unidos.

9 Derechos adicionales

La Novena Enmienda promete que otros derechos que no se establecen en la Declaración de Derechos, están contemplados, de todos modos. Algunos de estos incluyen el derecho a viajar libremente, el derecho a casarse y el derecho a criar y educar hijos de la manera que elijamos. Los padres de los estudiantes de esta foto han elegido enviar a sus hijos a una escuela pública.

10 Leyes estatales

La Décima Enmienda dice que cada estado tiene el poder de hacer leyes que no estén contempladas en la Constitución. Por ejemplo, un estado puede aprobar sus propias leyes sobre la conducción de carros, casarse y empezar un negocio. Por lo tanto, si no te gustan las leyes de un estado, ¡quizá puedas mudarte a otro estado!

Compruébalo ¿Cómo protegen las Enmiendas Dos a Diez a los ciudadanos estadounidenses?

GÉNERO Poesía

Lee para descubrir cómo un poema resume la Declaración de Derechos.

El rap de los derechos

ilustraciones de John Haslam

Estribillo

Es la Declaración de Derechos, es la declaración de tus derechos.
Es hora de llevar tu conocimiento hasta alturas sin techo.
La emoción de tu vida, como montar en bicicleta, de hecho.
Nunca, nunca, jamás te vas a olvidar de la Declaración de Derechos.

Estrofa 1

El derecho de libre expresión y religión y prensa
Es lo que obtienes con la Primera Enmienda.
La Enmienda Número Dos concede el derecho a portar armas,
Que a algunos contenta.

El gobierno no puede obligarte a albergar y alimentar a un soldado,
Dice la Enmienda Número Tres.
La Enmienda Número Cuatro que adoramos dice, que sin una orden de registro,
Tus cosas no pueden registrarse o confiscarse.

Una *orden de registro* es un documento de un juez que permite a la policía o a funcionarios del gobierno registrar a una persona o allanar un lugar.

Estrofa 2

La Enmienda Número Cinco dice que un tribunal no puede enjuiciarte
Con evidencias que ya usaron.
También dice que nadie puede hacer que te auto incrimines.
Te permiten guardar silencio si así lo eliges.

Cuando te *auto incriminas*, das información que te hace parecer culpable.

La Enmienda Número Seis no dejará que el reloj ande sin parar.
Los derechos de los acusados continúan aquí, y luego
La Enmienda Número Siete así arremete:
El derecho a un juicio con jurado de pares.

Los *pares* son personas de tu propia comunidad que son tus semejantes.

Si es cruel y poco común el castigo,
Lo excluye la Enmienda Ocho.
La Enmienda Número Nueve dice que otros derechos promueve,
Y la Diez ha dado el resto a los estados.

Compruébalo ¿Cómo te ayuda este poema a recordar las cosas importantes sobre la Declaración de Derechos?

Lee para descubrir cómo tres estudiantes lucharon por la libertad de expresión hace casi 50 años.

PROTESTA

por Bryon Cahill

^ Durante las décadas de 1960 y 1970, muchos soldados estadounidenses lucharon en la guerra en Vietnam.

ADOPTAR UN PUNTO DE VISTA

¿Tienes sentimientos fuertes con respecto a algo? ¿Eres suficientemente apasionado con respecto a tus creencias para arriesgarte a que te suspendan en la escuela por ello? En el año 1965, tres estudiantes de Des Moines, Iowa, hicieron eso, precisamente. Defendieron sus creencias, aunque los castigaron por ello.

En esa época, los Estados Unidos participaban en una guerra entre Vietnam del Norte y del Sur en el Sudeste Asiático. Los Estados Unidos luchaban en apoyo de Vietnam del Sur. Pero muchos estadounidenses creían que nuestros soldados no debían estar luchando y muriendo en la guerra de otra nación. Tres estudiantes, John Tinker, su hermana Mary Beth Tinker y Christopher Eckhardt, se oponían a la guerra y querían que terminara. Pero, ¿qué podían hacer para expresar sus opiniones?

Tenían una idea. Protestarían contra la guerra usando brazaletes negros con símbolos de paz (como el símbolo que se muestra a la izquierda). Los brazaletes expresarían que estos adolescentes querían la paz, no la guerra. Desafortunadamente, ¡expresar sus ideas les causó muchos problemas a los estudiantes!

¡ESTÁN SUSPENDIDOS!

Se corrió la voz sobre la protesta planificada de los estudiantes con brazaletes. Los directivos de la escuela temían que los brazaletes fueran **perturbadores**, o que distrajeran a los demás. Algunas protestas contra la guerra de la época eran estridentes y activas. Por ejemplo, grupos de jóvenes a veces protestaban contra la guerra quemando sus tarjetas de reclutamiento, que emitía el gobierno para reclutar hombres en el ejército. Pero, los estudiantes de Des Moines planeaban una protesta pacífica.

Sin embargo, los directores de las escuelas locales decidieron, antes de que ocurrieran las protestas, que cualquier estudiante que usara un brazalete debía sacárselo o se lo suspendería. Algunos maestros temían que si los estudiantes podían usar brazaletes por esta causa, otros estudiantes comenzarían a usar brazaletes de otros colores para protestar en contra de todo tipo de temas.

Al día siguiente los estudiantes llegaron a la escuela usando los brazaletes. Tuvieron la precaución de que la protesta no perturbara sus clases. Los directivos de la escuela

John y Mary Beth Tinker hicieron historia. Adoptaron un punto de vista pacífico por lo que creían. Incluso en la actualidad, Mary Beth Tinker da conferencias para apoyar la libertad de expresión.

les pidieron a los estudiantes que se los quitaran, pero se negaron y los suspendieron. Como resultado, los padres de los estudiantes decidieron demandar al sistema escolar. Durante el resto del año, algunos maestros y estudiantes **acosaron**, o molestaron, a los manifestantes. Afirmaban que los brazaletes apoyaban al enemigo en la guerra, no a los soldados estadounidenses, pero esa no era la intención de los manifestantes. Los estudiantes que usaban brazaletes simplemente querían la paz para ambos lados y el final de la guerra.

¡LA LIBERTAD DE EXPRESIÓN GANA!

Finalmente, el caso fue a juicio. Al principio, los tribunales locales dictaminaron que las escuelas tenían el derecho a prohibir los brazaletes. Sin embargo, los estudiantes y sus familias creían en el derecho de libre expresión y no se dieron por vencidos. En el año 1968, el caso llegó hasta la Corte Suprema de los Estados Unidos.

La Corte observó todos los aspectos de este tema. En el pasado, los directivos de las escuelas habían permitido que los estudiantes usaran símbolos políticos, como prendedores para apoyar a personas que se postulaban para un cargo. Aunque muchos no estaban de acuerdo con su punto de vista en contra de la guerra, estos estudiantes aún tenían el derecho de expresar su punto de vista de una manera pacífica.

Los jueces de la Corte Suprema estuvieron de acuerdo con los estudiantes y sus padres. Dictaminaron que la Primera Enmienda protege el derecho de los estudiantes de expresar su opinión en contra de la Guerra de Vietnam usando los brazaletes. Aunque una opinión sea impopular, los jueces argumentaron, la Primera Enmienda permite su expresión pacífica. El caso, llamado *Tinker vs. Junta Directiva Escolar Independiente de Des Moines,* se convirtió en una decisión importante de la Corte que protegió los derechos de los estudiantes en los Estados Unidos.

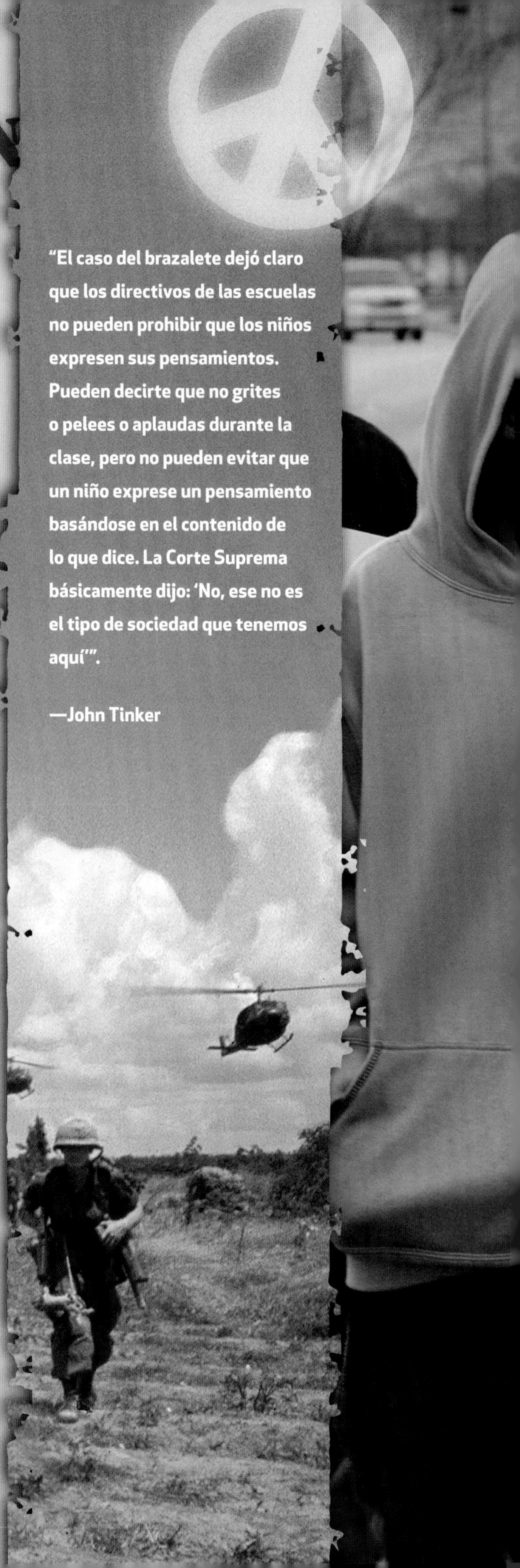

"El caso del brazalete dejó claro que los directivos de las escuelas no pueden prohibir que los niños expresen sus pensamientos. Pueden decirte que no grites o pelees o aplaudas durante la clase, pero no pueden evitar que un niño exprese un pensamiento basándose en el contenido de lo que dice. La Corte Suprema básicamente dijo: 'No, ese no es el tipo de sociedad que tenemos aquí'".

—John Tinker

Los estudiantes en la actualidad son libres de protestar sobre temas importantes como el calentamiento global.

Compruébalo ¿Por qué el caso Tinker es importante para los estudiantes en la actualidad?

GÉNERO Narración de no ficción

Lee para descubrir cómo la libertad de prensa ayudó a terminar con la esclavitud en los Estados Unidos.

Un libro que CAMBIÓ LA NACIÓN

por Debbie Nevins

ilustraciones de Tristan Elwell

De 1861 a 1865, la Guerra Civil ocurría entre los estados del norte y del sur. Esta guerra tenía que ver con los derechos de los estados, incluido el derecho de permitir la esclavitud. Diez años antes, en el año 1851, Harriet Beecher Stowe había escrito *La cabaña del tío Tom,* una novela sobre la esclavitud en el Sur. En esa época, la esclavitud era ilegal en el Norte, pero muchos norteños no se oponían a la esclavitud en el Sur. Con la descripción de la crueldad de la esclavitud, la novela de Stowe ayudó a cambiar esta actitud. Las sólidas creencias de Stowe (y la libertad de prensa) cambiaron la historia.

Una clara noche de otoño en Brunswick, Maine, Calvin Stowe llegó a casa y encontró a su esposa enojada.

—¡Oh, Calvin, vi algo espantoso hoy! —dijo Harriet, y golpeó la tapa de una olla contra el hornillo. Sacó unas cebollas y comenzó a cortarlas con mucha fuerza—. Era un cartel en la ciudad, que decía que el Congreso ha aprobado la Ley de los Esclavos Fugitivos.

Aprobada el 18 de septiembre de 1850, esta ley requería que todos ayudaran a atrapar a esclavos **fugitivos**, o que habían escapado. A todo el que se negaba, podía multárselo con $1,000 (una enorme suma de dinero en esos días) y encarcelárselo por seis meses. A los que entregaban esclavos fugitivos solía pagárseles por sus esfuerzos. Ni siquiera los afro-americanos libres estaban a salvo de esta ley. A algunos se los capturaba según esta ley, se los enviaba al Sur y se los esclavizaba allí. No tenían derechos legales para ampararse o probar su libertad.

—Es una ley vergonzosa y malvada, Calvin —dijo Harriet, sacudiendo su cuchillo de cocina en el aire—. Nos obliga a apoyar un sistema inmoral e injusto. Me puso en un estado tan desagradable, que vine a casa a toda prisa y escribí una carta sobre ello a Isabella.

—Bueno, querida esposa, esgrimes un poderoso cuchillo... quiero decir, bolígrafo —dijo Calvin—. Tu cuñada ha destacado antes el poder de tus palabras.

Harriet envió su carta y esperó ansiosamente la respuesta de su cuñada. Unos días después llegó. En su carta, Isabella Beecher declaró: —Hattie, si pudiera usar un bolígrafo como tú, escribiría algo que haría que toda la nación sintiera lo detestable que es la esclavitud.

Carteles como este se pegaban a las paredes de los edificios. Este cartel de la izquierda advierte a las personas negras libres que pueden estar en peligro de que los rapten y los entreguen a los amos de esclavos. El cartel de la derecha ofrece una recompensa por un esclavo fugitivo.

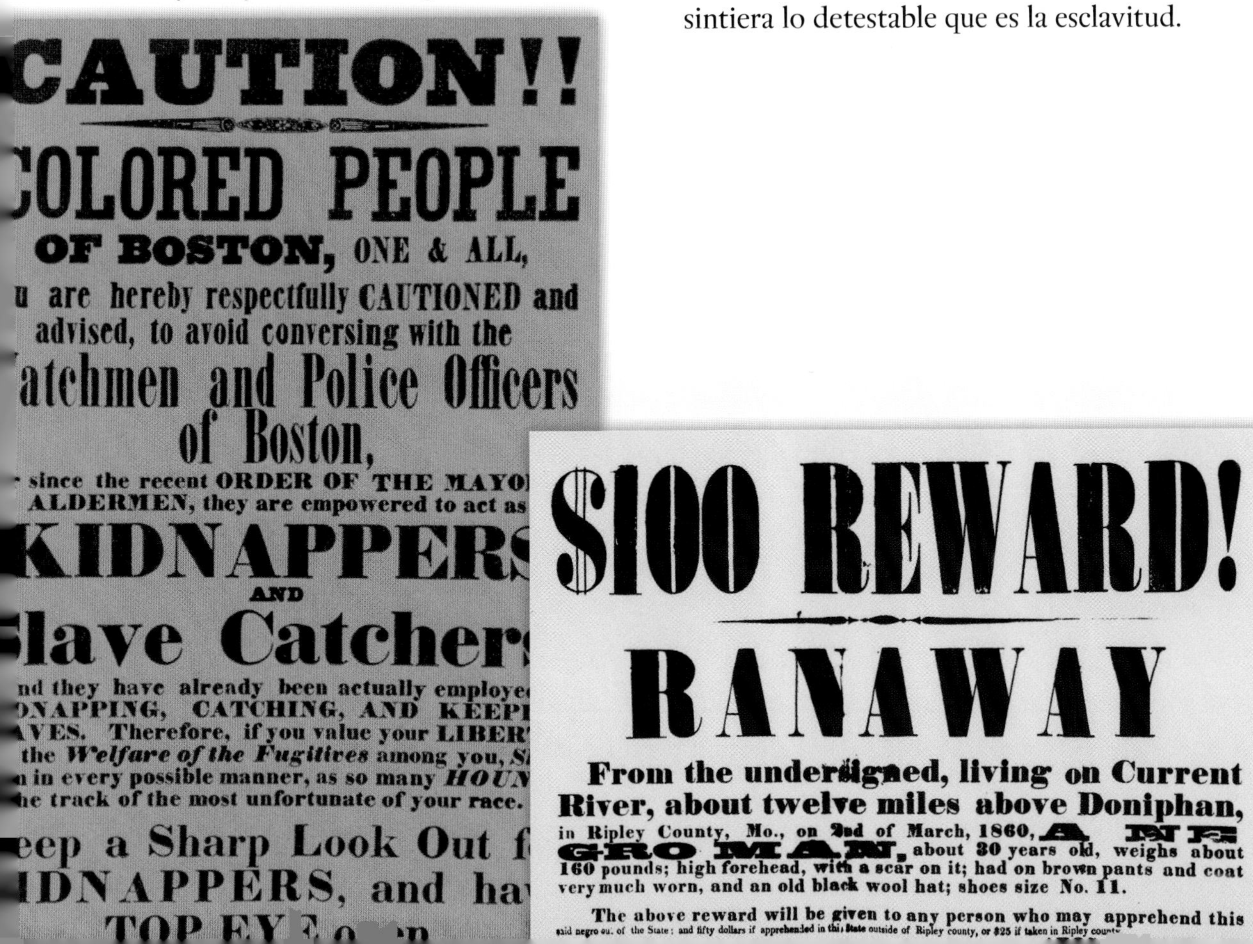

Esclavos fugitivos cruzan un río en Virginia. Su carreta contiene todas sus posesiones.

Niños tan jóvenes como este se compraban y vendían en las subastas de esclavos.

Harriet leyó la carta de Isabella en voz alta para su familia. Poniéndose de pie de un salto, exclamó: —*Claro* que escribiré algo—. Calvin y ella eran **abolicionistas**, personas que querían abolir, o prohibir, la esclavitud. Vivían en el Norte, y todos los años, cientos (quizá miles) de esclavos fugitivos huían a los estados del norte en busca de libertad.

Unas semanas después, mientras estaba sentada en la iglesia, Harriet recordó lo que leyó sobre el cruel trato a los esclavos. A veces recibían azotes severos. Después de la iglesia fue a toda prisa a casa y escribió un pasaje ficticio sobre un viejo esclavo al que azotaban. Cuando lo leyó en voz alta a sus hijos, uno de ellos lloró: —¡Oh, mamá! ¡La esclavitud es lo más cruel del mundo!

Ese pasaje se convirtió en *La cabaña del tío Tom.* El libro cuenta la historia de dos personas esclavizadas, el generoso tío Tom y la valiente Eliza, que trabajan en una **plantación**, o granja, en el estado sureño de Kentucky. Eliza descubre que el amo de los esclavos pretende vender dos esclavos

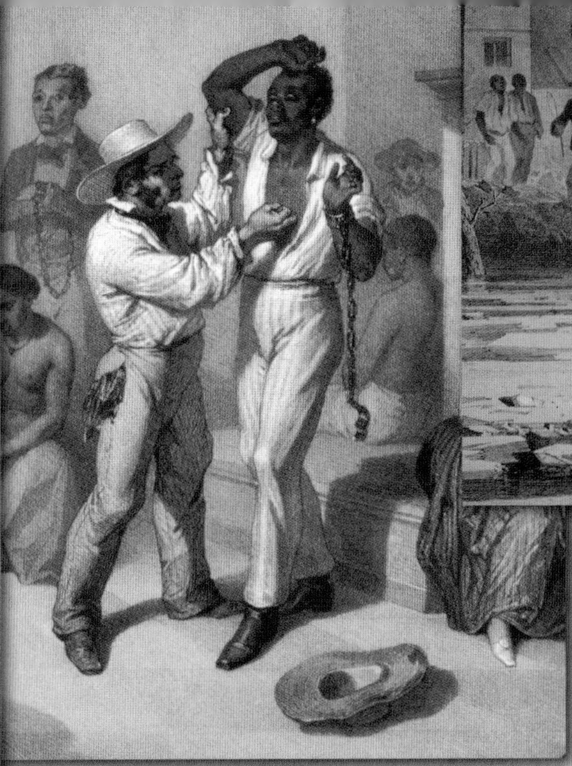

En el libro, los personajes Eliza y Harry escapan de sus amos y corren hacia la libertad.

Esta ilustración es del libro *La cabaña del tío Tom*. En él, se vende al tío Tom en una subasta de esclavos.

para pagar sus deudas. Uno es Tom y el otro es el hijo de cuatro años de Eliza, Harry. Horrorizada de perder a su hijo, huye con Harry a través del río Ohio, que estaba congelado hasta la mitad, con cazadores de esclavos persiguiéndola. Mientras tanto, venden a Tom y este debe abandonar a su esposa y sus hijos, para no verlos nunca más. Un hombre cruel, Simon Legree, compra a Tom, lo atormenta, y finalmente lo mata. En su agonía Tom, sin embargo, consigue perdonar a su amo.

La cabaña del tío Tom se convirtió en un libro muy vendido en los Estados Unidos y en todo el mundo. Se tradujo a 60 idiomas y rompió récords de ventas en todos lados. Los lectores se conmovían con las descripciones de la esclavitud, y las palabras de Harriet les producía el llanto. El cuento hacía llorar a las personas, pero también las hacía pensar. Su poderoso mensaje hizo que muchos lectores cambiaran de parecer en cuanto a la esclavitud, o fortalecer sus creencias en contra de ella.

A medida que el clamor en contra de la esclavitud crecía, también lo hacía el conflicto entre los estados del Norte y del Sur. En el año 1861, este conflicto llevó a la Guerra Civil. La esclavitud fue uno de los problemas que incentivó la guerra de cuatro años.

Cuenta la leyenda que Harriet conoció al presidente Abraham Lincoln en Washington, D.C., en el año 1862, cuando transcurría la Guerra Civil entre el Norte y el Sur. Algunos dicen que cuando Lincoln conoció a Harriet, dijo: —Así que usted es la pequeña mujer que provocó esta gran guerra—. Lincoln se refería al hecho de que con su libro, Harriet incitó a las personas a luchar en contra de la esclavitud.

Un cartel publicita *La cabaña del tío Tom*, que se consideraba el libro más popular de su época.

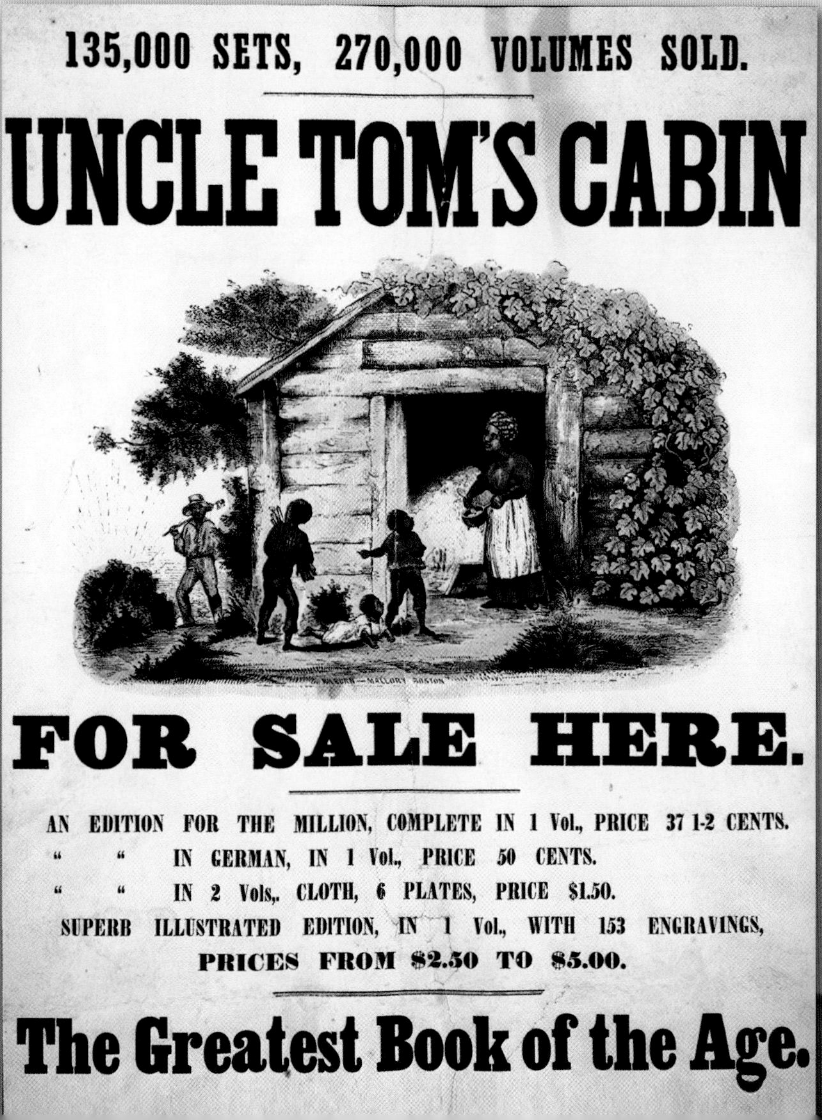

Abraham Lincoln luchó mucho para persuadir a otras personas del gobierno de que apoyaran la Proclamación de Emancipación.

El primero de enero de 1863, Harriet presenció un concierto en Boston. Fue en honor de la firma de Lincoln de la Proclamación de Emancipación, un documento que decía que todos los esclavos de los estados del Sur eran libres. En el concierto, los miembros del público vieron a Harriet sentada en su balcón. Se elevó una ovación: "¡Harriet Beecher Stowe! ¡Harriet Beecher Stowe! ¡Harriet Beecher Stowe!". Harriet se puso de pie y saludó, se le cayó el bonete de la cabeza y le corrieron lágrimas por las mejillas. Comprendió la alegría de la multitud. Todo tenía que ver con el poder de las palabras y las ideas que influencian a una nación, y el poder de la libertad de prensa.

Más tarde en su vida, Harriet Beecher Stowe les enseñó a esclavos libres a leer y escribir.

"Es una cuestión de tomar partido por el débil contra el fuerte, algo que los mejores siempre han hecho".

—Harriet Beecher Stowe

Compruébalo ¿Cómo cambió *La cabaña del tío Tom* las ideas de las personas sobre la esclavitud?

Comenta

1. Habla sobre las maneras en las que crees que los seis artículos del libro se relacionan.

2. ¿Por qué las libertades que protege la Declaración de Derechos son tan importantes para el modo en que se vive en los Estados Unidos?

3. ¿Cómo te ayudó el caso *Tinker* a comprender la importancia de la libertad de expresión?

4. ¿Por qué crees que muchas de las enmiendas de la Declaración de Derechos hablan de los derechos de aquellos a quienes se ha acusado de un crimen?

5. ¿Qué más quieres saber sobre por qué se escribió la Declaración de Derechos y cómo influye en la manera en la que vivimos en la actualidad?